Karin Rieniets

Gestalten nach Märchen und Geschichten

Karin Rieniets

Gestalten nach Märchen und Geschichten

Malen, formen und gestalten mit 4- bis 12jährigen

MAYER

Dem Unternehmen Hans Stockmar GmbH & Co. KG
in Kaltenkirchen sei an dieser Stelle für seine großzügige
Förderung herzlich gedankt.

Die deutsche Bibliothek - CIP-Einheitsaufnahme

Rieniets, Karin:
Gestalten nach Märchen und Geschichten: Malen, formen und gestalten mit
4- bis 12jährigen / Karin Rieniets. - Stuttgart ; Berlin : Mayer, 2003
ISBN 3-932386-69-8

ISBN 3-932386-69-8

Layout und Typographie: Karin Rieniets, Bochum
Fotos: C. Schulte, Projekt Nordlicht, Bochum
Druck: fgb · freiburger graphische betriebe

Inhalt

Kinder brauchen Märchen und Geschichten

»Kindermärchen werden erzählt, damit in ihrem reinen und milden Lichte die ersten Gedanken und Kräfte des Herzens aufwachen und wachsen.«

Wilhelm Grimm

Die Brüder Grimm haben Anfang des 19. Jahrhunderts einen wahren Schatz an Volksmärchen zusammengetragen, die bis heute nicht nur Kinder in ihren Bann ziehen, sondern selbst auf Erwachsene ihren Zauber ausüben. Für kleine Kinder bedeuten sie jedoch viel mehr als eine sinnvolle Unterhaltung, sie sind »Nahrung für ihre Seelen«.[1] Man muss dem Wesen der Märchen nachspüren, um zu erfassen, welche Wirkung sie auf die kindliche Seele ausüben.

»Das Märchen ist ein Universum im Kleinen«,[2] in dem das ganze Geschehen und alle Vorgänge unmissverständlich sind. Von Anfang an ist klar, wer gut und wer böse ist, wo Gefahren lauern, wer bestraft und wer belohnt werden muss. Auch die Märchenfiguren selbst zeichnen sich durch einen klar konturierten Charakter aus: Sie sind schön oder hässlich, dumm oder klug, faul oder fleißig. Märchen folgen keinen konkreten Gesetzen der Realität, sondern schaffen eine Welt völlig eigenen Gepräges. Feen und Hexen, Zwerge und Riesen, Zauberer und Kobolde setzen die Naturgesetze außer Kraft. Was wäre aus Aschenputtel geworden ohne das wundersame Bäumchen auf dem Grab der Mutter und dem Vöglein, das seine Wünsche erfüllt? Oder wie könnte Joringel seine Jorinde befreien ohne die rote Zauberblume?

Der Ablauf der Märchenhandlung ist klar und zielstrebig. Im Mittelpunkt steht meist ein Menschenkind (manchmal sind es auch Geschwister), das eine Aufgabe zu bewältigen hat. Oft steckt es in einer Notlage, aus der heraus sich die Geschichte entwickelt.

Schneewittchen wird zum Verhängnis, dass es schöner ist als ihre böse Stiefmutter, die ihr

deshalb nach dem Leben trachtet. Die Bedrängnis, in der sich die Heldin oder der Held befindet, zwingen sie dazu, sich freiwillig oder nicht auf einen Entwicklungsweg zu begeben, vielleicht sogar sich in ein Abenteuer zu stürzen. Die stolze Königstochter, die selbst den König Drosselbart als Gemahl verschmäht, muss ihren Hochmut teuer bezahlen, indem sie erniedrigt und in große Armut gestürzt wird. Das tapfere Schneiderlein sucht, begabt mit Selbstbewusstsein und viel Witz, aus freien Stücken die Herausforderungen und Abenteuer der weiten Welt. Auf ihrem - man kann sagen - Schicksalsweg sind die Märchenfiguren ganz auf sich selbst gestellt. Sie müssen Mut beweisen, Ängste überwinden, Konflikte ausstehen, Entscheidungen treffen, Aufgaben lösen, gewitzt und klug die ihnen zugedachten Herausforderungen meistern. Dabei sind sie jedoch nie allein gelassen: Gute Feen begleiten sie, weise Frauen geben Ratschläge, schlaue Zwerge und verwunschene Tiere stehen ihnen zur Seite. In allerhöchster Not wird ihnen Hilfe zuteil, sei es durch ein Wunder, einen Zauber oder eine List. Am Ende der Geschichte hat die Märchenfigur einen Reifeprozess durchgemacht, das Gute hat das Böse besiegt. Das ist wohl die wichtigste Botschaft der Märchen: Mag ein Problem noch so bedrohlich sein, eine Situation schier ausweglos, ein Konflikt scheinbar unlösbar, ein glückliches Ende ist gewiss. Was bedeuten die Märchenbilder für die Kinderseele?

Nach dem Psychoanalytiker Carl Gustav Jung ist allen Menschen ein Schatz seelischer Archetypen angeboren, die unter anderem in den Märchen Gestalt gewinnen. Sie entstammen dem sogenannten kollektiven Unterbewusstsein und sind wesentlich älter und umfassender als das rationale, moderne Denken. Archetypische Bilder können, ab-

hängig von der jeweiligen Kultur, der sie entstammen, unterschiedlich ausgeprägt sein, verweisen aber immer auf verwandte Grunderfahrungen. Das zeigt sich darin, dass die Mythen der ganzen Welt vergleichbare Bild- und Symbolmotive haben. Dadurch, dass die Märchenbilder archetypischen Charakter haben, die in den Tiefen der menschlichen Seele beheimatet sind, sprechen sie das Kind unmittelbar an und helfen ihm, ordnend in sein inneres Chaos einzugreifen. Chaos wird daher keineswegs verstanden als Unordnung, sondern im Sinne von

Formlosigkeit, die gestaltet werden will. In den ersten Jahren erlebt das Kind sich und seine Umwelt als eine Einheit und unterscheidet noch nicht zwischen belebten und unbelebten Dingen. Ein Stöckchen wird in der kindlichen Fantasie zu einem Püppchen, einem Auto, einem Pferd usw. Das Kind nimmt unendlich viel Unbekanntes und Unverständliches wahr, ohne bereits die Fähigkeit zu haben, die Wahrnehmungen einzuordnen oder rational zu erklären. Dadurch entstehen seelische Spannungen, die sich lösen, indem sie in fantastische Bilder verwandelt werden. An diesem Punkt setzen die Märchen an, denn Märchen sind »bildhafter Ausdruck von Seelenerlebnissen, die sich ständig unbewusst abspielen.«[1]

Immer wieder werden die Märchen wegen der angeblichen Grausamkeiten in Frage gestellt. Von Kindern werden diese jedoch völlig anders verstanden und verarbeitet als von der Ratio der Erwachsenen. Die Motive von Tötung, Aussetzung, Misshandlung und anderen Bestrafungen werden nie ausgemalt oder detailliert beschrieben, der Schmerz bleibt anonym; es werden lediglich

Bilder gezeichnet, die sich in die Welt der Kinder einordnen lassen, in der es gerecht und richtig ist, dass die fleißige Marie von Frau Holle mit Gold, die faule jedoch mit Pech übergossen wird. Der Märchenforscher Bruno Bettelheim vertritt die These, dass die

Todesstrafe, die der böse Gegenspieler im Märchen erleidet, nicht schädlich, sondern geradezu notwendig für die psychische Stabilität des Kindes ist. »Das kindliche Weltbild braucht die Zuordnung zu Gut und Böse und die Ausmerzung des Bösen, um das Chaos in seinem Inneren zu ordnen und persönliche Sicherheit zu gewinnen. Das Kind projiziert seine inneren Ängste auf die negativen Figuren, welche dann durch die Kräfte des Guten, mit denen es sich identifizieren kann, vernichtet werden.«[3]
Märchen und Geschichten können dazu beitragen, dass Kinder auf unbewusste Konflikte und Probleme in ihrem Inneren Antworten finden. Verleiht man ihnen darüber hinaus im kreativen Prozess künstlerische Ge-

stalt, wirkt ihr ordnendes Potenzial positiv auf das Gedeihen der Seelen.

Neben den Märchen gibt es ein reiches Angebot an Kindergeschichten. Die Geschichten sind nicht überliefert, sondern ausgedacht. Häufig setzen sie ähnliche Elemente ein wie die Märchen, zum Beispiel magi-

sche Kräfte, Wunder, Unbesiegbarkeit, sprechende Tiere, listige Zwerge oder Zauberer. Aber auch der Alltag der Kinder, ihre Träume und Wünsche finden darin statt. Heitere und lustige Begebenheiten vergnügen die Zuhörer, es gibt komische Figuren, über die man lachen kann, oder solche, vor denen man sich gruselt. An dieser Stelle soll der stets vergnügte Kasper erwähnt werden, ein unentbehrlicher Begleiter im Kinderdasein. Er überlistet die böse Hexe, zahlt es dem schrecklichen Teufel heim und schlägt das gefährliche Krokodil in die Flucht. Zum guten Schluss gewinnt er die schöne Prinzessin samt Reich und ewigem Glück. Hier verbinden sich Elemente des volkstümlichen Schwanks mit Spannung und Witz; dabei kann auch manches Erzieherische problemlos einfließen.

Kinder verarbeiten ihre Erlebnisse, indem sie diese gestalterisch verwandeln und in einem kreativen Prozess aus sich heraussetzen. Es ist deshalb sinnvoll, sie anzuregen, dem, was sie gehört, gesehen und gefühlt haben, bildhaften Ausdruck zu verleihen. Kleine Kinder brauchen in der Regel keine Anregungen von außen, um zu malen und zu modellieren; sie gestalten noch aus einem spontanen Seelenbedürfnis heraus. Ältere Kinder lassen sich anregen durch bestimmte Motive, unbekannte Techniken oder neue Gestaltungsmittel. So fin-

det das Gehörte, ob Märchen und Geschichte, ob Fabel, Legende oder Sage, Eingang in die Seele der Kinder, rührt ihre Herzen, bewegt Kopf und Sinne und gewinnt Gestalt und individuellen bildnerischen Ausdruck, sodass die »Gedanken und Kräfte des Herzens erwachen und wachsen«.

1 R. Steiner, Märchendichtung im Lichte der Geistesforschung, R. Steiner Verlag , Dornach 1988
2 Es war einmal, Max Lüthi, Vandenhoek & Ruprecht, Göttingen 1982
3 Bruno Bettelheim, Kinder brauchen Märchen, DTV, München 1980

Gestalten nach Märchen und Märchenmotiven

Sterntaler

Aquarell / Auswaschtechnik

Werkzeug und Material

- Aquarellkarton, DIN A 3
- Aquarellfarben* in Preußischblau, Blaugrün, Rot, Goldgelb, Weiß
- Flachpinsel 22 mm
- Rundpinsel Nr. 4
- Klebeband zum Aufziehen des Papiers
- Malbrett
- Farbnäpfchen
- Wasserglas, Schwämmchen, Mallappen

Vorbereitung

Zuerst werden die Farben gemischt: Eine kleine Menge Farbpigment in ein Näpfchen geben und mit einem Pinsel tropfenweise klares Wasser hinzufügen und verrühren, bis die Farbe tintenartige Konsistenz hat. Für den Hintergrund benötigt man ein dunkles Preußischblau. Dafür genügend Farbe mischen, da der Hintergrund ohne Unterbrechung angelegt werden muss. Die anderen Farben werden deckend verarbeitet; sie müssen dickflüssiger (sahneartig) sein. Für die Hautfarbe Weiß mit wenig Rot mischen. Hellgelb aus Goldgelb und Weiß herstellen.

* Wir haben mit Stockmar Aquarellfarben gearbeitet.

1 Das Aquarellpapier mit einem nassen Schwämmchen auf der Rückseite (glatte Seite) gut anfeuchten und auf das Malbrett legen. Die Vorderseite mit dem nassen Schwamm mit kreisenden Bewegungen sorgfältig einnässen; das Papier soll glänzend feucht sein. Aquarellpapier an allen Kanten mit Klebestreifen befestigen, damit sich das Malpapier beim Trocknen glatt zieht.

2 Den Flachpinsel in die dunkelblaue Farbe tauchen und das gesamte Blatt mit einer Lasur bedecken, indem man zügig Farbstreifen neben Farbstreifen auf das feuchte Papier setzt.

3 Aus der feuchten Lasur wird mit dem sauberen, feuchten Schwämmchen der Lichtstreifen herausgewaschen (Abb. 1). Der Vorgang muss eventuell

1

2

ein- bis zweimal wiederholt werden, bis der gewünschte Helligkeitsgrad erreicht ist. Dazwischen den Schwamm in sauberem Wasser ausspülen und ausdrücken. Die Lasur ganz durchtrocknen lassen.

4 Das Sterntalermädchen mit einem weichen Bleistift vormalen. Vor dem Ausmalen Skizze leicht abradieren. In den Rundpinsel Nr. 4 einen deckenden rosaroten Farbton nehmen (siehe Vorbereitung) und Gesicht, Arme und Beine ausmalen; das Hemd bekommt ein schönes Weiß. Die Haare gestalten, indem man kleine, gelbe Tupfen nebeneinander setzt. Trocknen lassen (Abb. 2). Achtung! Vor jedem Farbwechsel Pinsel in klarem Wasser auswaschen.

5 Blaugrüne Farbe in den Schwamm nehmen und an beiden Seiten des Kindes den Wald auftupfen, antrocknen lassen, dann mit Preußischblau übertupfen, damit mehr Tiefenwirkung entsteht.

6 Die hellen Sterne am Himmel auswaschen: Mit dem Rundpinsel saubere Wassertropfen auf die Hintergrundfarbe setzen, kurz einwirken lassen und die gelöste Farbe mit dem Mallappen abtupfen.

7 Zum Schluss eine kleine Menge deckendes Goldgelb und Hellgelb mischen (siehe Vorbereitung) und mit dem Rundpinsel die Sterntaler aufmalen.

Knusperhaus mit Hexe

Wachsfolien / Knetwachs

Werkzeug und Material

- Wachsfolien* für das Knusperhaus : Braun 100 x 200 mm groß, Grün, Blau , Violett 40 x 100 mm groß,
- Wachsfolien- und Knetwachsreste* für die Dachverzierung
- eine leere Schachtel, z.B. Kandiszucker, Maße: 7,5 cm, breit, 4,7 cm tief, 13,5 cm hoch
- Knetwachs* für die Hexe: Violett, Gelb, Grün
- Lineal, Bleistift, Schere
- Messer/Cutter
- Klebwachs, Klebstoff
- Haarspray zum Fixieren

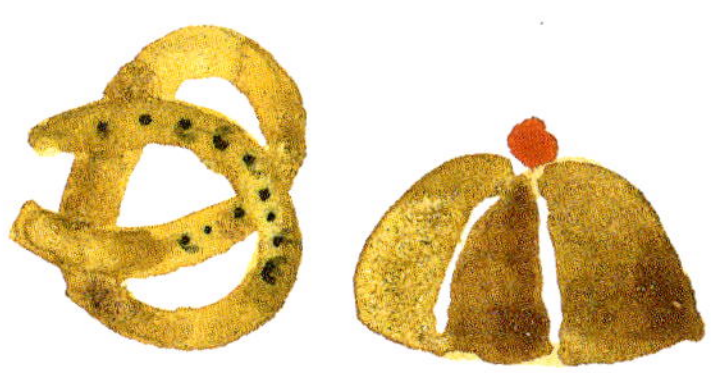

* Wir haben mit Stockmar Wachsfolien und Stockmar Knetwachs gearbeitet.

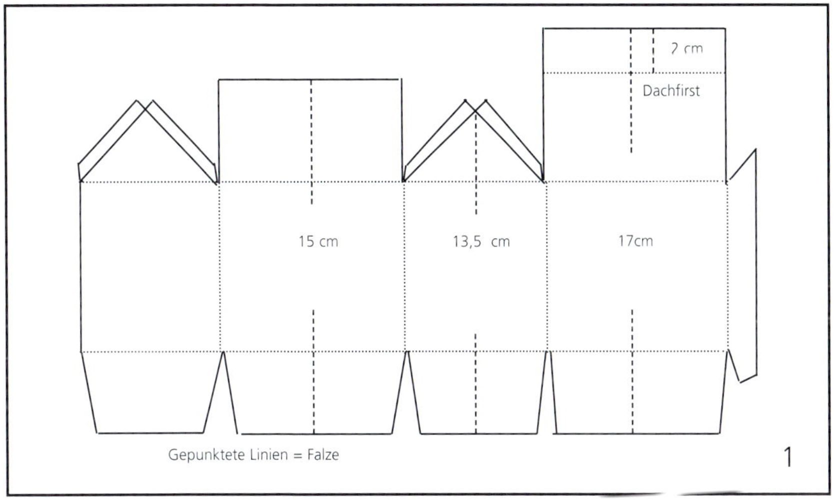

Das Knusperhaus

1 Aus der leeren Pappschachtel wird zunächst der Grundkörper für das Haus erstellt. Schachtel ganz auffalten, indem man die geklebten Seiten mit dem Messer ablöst. Pappe plan auf den Tisch legen und den Karton in der Höhe von 17 cm abschneiden. Nach obigen Vorgaben (Abb. 1) den Grundriss zeichnen. Verziert wird die unbedruckte Innenseite, deshalb die vorhandenen Falze zur entgegengesetzten Seite umknicken. Die entstandenen neuen Falze mit einem Cutter anritzen, damit sich die Pappe besser umbiegt.

2 Zum Verzieren der Wände und Giebel die Maße mit dem Lineal auf die Wachsfolie übertragen und ausschneiden; an

2

den jeweiligen Stellen anbringen. Zur besseren Haftbarkeit an den entsprechenden Ecken der Wachsfolie kleine Punkte Klebwachs anbringen, mit dem Finger verstreichen, dann auf die Pappe aufdrücken.

3 Sind die Wände und Giebel verkleidet, Türen und Fenster anbringen. Dafür Rechtecke in den gewünschten Maßen aus Wachsfolie herausschneiden, verzieren und auf den Wänden anbringen (Abb. 2); mit einem kleinen Klebwachsstück zusätzlich verstärken. Das Häuschen an den Falzen knicken und in Form biegen. An den dafür vorgesehenen Laschen am Boden, an der Seite und an den Dachgiebeln mit Klebstoff festkleben.

4 Für das Dach eine 200 x 100 mm große, braune Wachsfolienplatte auf 14 cm kürzen, die Mitte markieren und mit dem Cutter leicht anritzen, damit sich der First nach dem Schmücken gut umbiegen lässt; eventuell Wachsfolienplatte mit leichter Pappe verstärken. Das Dach verzieren: Aus Knetwachsresten Kringel, Bretzeln, Striezel modellieren. Aus farbigen Wachsfolien-Resten Nasch- und Zuckerwerk gestalten (Abb. 2), jeweils mit einer kleinen Klebwachskugel versehen und auf dem Dach anbringen.

5 Ist das Dach fertig geschmückt, wird es mit Punkten aus Klebwachs versehen und auf das Pappdach gedrückt. Einige Bretzeln und Kringel an einem Faden von dem Dach herunterhängen lassen. Dafür die Fadenenden mit Klebwachs versehen, eine Dachverzierung anheben und den Faden darunter befestigen. Haus fixieren.

Die Hexe

1 Knetwachs weichkneten (s. Vorbereitung S. 19). Einen konischen Grundkörper von circa 6 cm Höhe aus violettem Knetwachs formen. Die Spitze umbiegen (Abb. 1a), mit einem Messer einschneiden, sodass zwei Arme entstehen, Arme nach vorne biegen und modellieren (Abb. 1b). Die Figur so formen, dass ein Buckel entsteht (Abb. 3).

2 Aus gelbem Knetwachs den Hexenkopf mit einer großen gebogenen Nase modellieren (Abb. 2). Ein winziges rotes Knetwachsstück hauchdünn ausmodellieren und die Nasenspitze damit beziehen. Ein schwarzes Pünktchen als Auge anbringen.

3 Für das Umschlagtuch ein grünes, für das Kopftuch ein schwarzes Stück Knetwachs dünn auskneten und zu einem Dreieck formen; eventuell mit einem Messer die gewünschte Kontur zurechtschneiden. Wie ein Stück Stoff um Schultern und Kopf legen.

4 Als Stab ein Streichholz an einer Hand befestigen. Dafür das Ende eines Armes durch Kneten verlängern und um den Stab legen (Abb. 3)

Schneewittchen und die sieben Zwerge

Knetwachs

Werkzeug und Material

- Knetwachs* in den Farben: Rot, Blau, Grün, Weiß, Violett, Rosa, Braun, Gelb
- Streichholzstückchen
- evtl. Kneifzange zum Teilen der Streichhölzer
- Haarspray

Vorbereitung

Das harte Knetwachs muss vor dem Verarbeiten in den warmen Händen weich geknetet werden, dann lässt es sich zu allen, auch zu hauchdünnen Gebilden modellieren. Das rhythmische Kneten übt die Feinmotorik des Kindes und beeinflusst positiv seine Geschicklichkeit, sein Formgefühl und Vorstellungsvermögen. Kleineren Kindern erleichtert man die Arbeit, wenn man das Knetwachs vor dem Modellieren vorwärmt. Sinnvoll ist es auch, während des Knetens eine Geschichte zu erzählen.

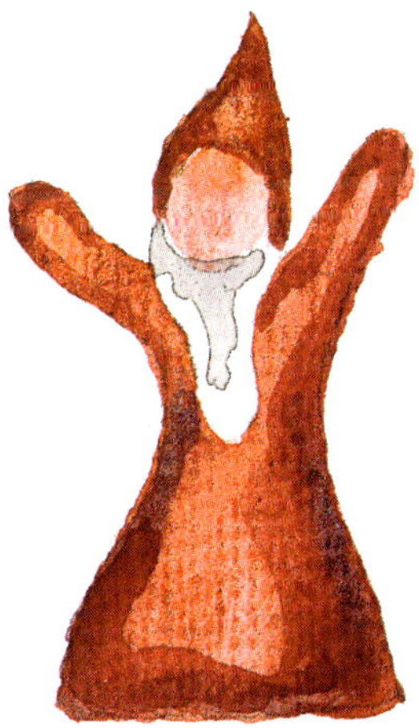

* Wir haben mit Stockmar Knetwachs gearbeitet.

Die Zwerge

1 Jeder Zwerg erhält für Körper und Gewand eine Farbe. Daraus wird die Grundform für den Zwergenkörper modelliert (5 bis 5,5 cm hoch); es genügt ein halbes 10 x 4 cm großes Täfelchen Knetwachs.* Vorgehen wie bei 1 und 2 auf Seite 18 beschrieben. Um die Standfläche plan zu bekommen, die Figur auf einen festen Untergrund aufstossen.

2 Aus einem Stück rosafarbigen Knetwachs ein circa 1,5 cm großes Oval für den Kopf formen und mithilfe eines Streichholzstückchens mit dem Körper verbinden.

3 Für den Bart ein kleines Band in den Farbtönen weiß, braun oder auch schwarz fein auskneten, in die gewünschte Bart-

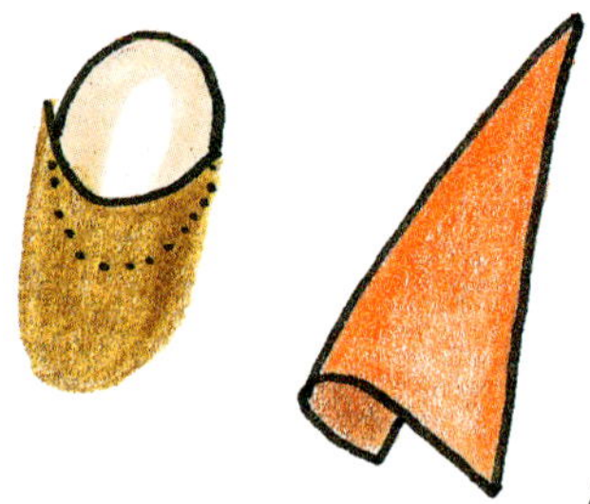

form modellieren und um Kinn und Ohren legen (Abb. A).

4 Für die Zipfelmütze ein Stück Knetwachs dünn auskneten und zu einem Dreieck (unterer Schenkel ca. 5,5 cm) formen, wie ein Tuch um den Kopf legen, Naht übereinanderschlagen und verstreichen. Zipfel der Mütze in die gewünschte Form legen. Figur abkühlen lassen, damit sie fest wird, danach mit Haarspray fixieren.

Zwerge sind kleine Persönlichkeiten mit verschiedenen Charakteren. Ihre individuelle Ausprägung erhalten sie nicht nur durch die Farbe des Gewandes und der Farbe von Bart und Haaren. Sie zeigt sich auch in der Körperform und -haltung, in der Art, die Arme zu halten oder die Zipfelmütze auf dem Kopf zu tragen. Wenn man auf diese Details eingeht, kann man Zwerge mit verschiedenen Ausdrucksformen gestalten.

Schneewittchen

1 Aus einer weißen Knetwachstafel eine in etwa 7,5 cm hohe konische Grundform modellieren. Aus rosafarbigem Knetwachs zwei circa 3,5 cm lange Arme formen und mithilfe eines Streichholzstückchens in der Höhe der Schulterpartie befestigen. Die Arme zu einer »begrüßenden Geste« biegen. Aus rosa Knetwachs einen etwa 2 cm langen, ovalen Kopf formen. Er wird ebenfalls mit einem Streichholzstückchen am Körper befestigt (Abb. B).

2 Für das Kleid fertigt man – ähnlich wie bei einem Kleiderschnitt – aus weißem Knetwachs je ein vorderes und hinteres Kleideroberteil an, außerdem zwei Ärmel und zwei Rockteile. Dieses geschieht, indem man kleine Stücke Knetwachs durch Kneten, Drücken und Ziehen so dünn wie Seide ausmodelliert und dann in die gewünschte »Schnittform« bringt (Abb. C). Man kann mit einem kleinen Messer den Schnitten die richtigen Konturen geben.

3 Zuerst wird das Vorder- und Rückenteil auf die Grundfigur angebracht: Nähte an Schultern und unter den Armen übereinander legen und verstreichen. Ähnlich verfährt man mit den Ärmeln. Die Rockteile vorne und hinten an der Taille festdrücken, Nähte übereinander legen und verstreichen. Rocksaum glockig ausstellen (Abb. D).

4 Ein schmales weißes Band aus Knetwachs um den Hals, ein rotes Band um die Taille legen.

5 Für die Haare ein circa fingernagel großes Stück schwarzes Knetwachs so modellieren, dass ein schleierartiges Gebilde entsteht; dies wellenförmig um Kopf und Schultern legen. Zum Schluss die Figur mehrmals mit Haarspray kräftig einsprühen und dadurch haltbar machen.

Das verwunschene Schloss

Wachsmalfarben / Spritztechnik

Werkzeug und Material

- festes Malpapier, DIN A 4
- Wachsmalstifte oder -blöcke*
- Schabegerät**
- Aquarellfarbe Ultramarinblau
- Rundpinsel
- alte Zahnbürste zum Spritzen

* Wir haben mit Stockmar Wachsmalfarben gearbeitet.
** Bei Stockmar Wachsmalfarben vorhanden.

Vorbereitung

Wachsmalfarben können schichtweise übereinander aufgetragen werden. Die untere Farbe schimmert durch die obere hindurch, sodass Mischtöne entstehen. Es lohnt, einige Versuche zu machen. um festzustellen, welche Farben beim Schichten entstehen. Die oberste Farbschicht kann ganz oder teilweise abgeschabt werden oder durch Ritzen und Kratzen feine Strukturen erhalten. Dadurch entstehen ungewöhnliche, opalisierende Farbwirkungen.

1 Zuerst wird das Schloss gemalt. Man kann beispielsweise mit einem prächtigen Tor beginnen und darum das Schloss mit Türmen, Zinnen, Kuppeln usw. »bauen« (Abb. 1). Den Mond nicht vergessen. Beim Ausmalen die Farben übereinander schichten (s. Vorbereitung).

2 Ist das Schloss fertig ausgemalt, wird es mit dem Schabegerät bearbeitet. Mit der glatten Kante kann man die oberste Farbschicht wegschieben, dadurch entstehen

1

2

Flächen und Streifen, mit der gezackten Kante erhält man feine Strukturen (Abb. 2). Dadurch, dass die untere Farbschicht durch die Kratzspuren hindurch leuchtet, entstehen weitere reizvolle Farbwirkungen.

3 Vor dem Spritzen des Hintergrundes die Arbeitsfläche mit Zeitungspapier abdecken; von Schloss und Mond eine grobe Schablone anfertigen, indem man einfaches Papier auf die Zeichnung legt und die Umrisse der einzelnen Teile durchpaust. Schablone ausschneiden und Zeichnung damit abdecken.

4 Ultramarinblau in ein Näpfchen hineingeben und mit einem Pinsel tropfenweise klares Wasser hinzufügen und verrühren, bis die Farbe in etwa sahneartige Beschaffenheit besitzt.

5 Alte Zahnbürste in die Farbe tauchen und den Finger durch die Borsten ziehen; dadurch bedeckt eine Sprühregen feiner und gröberer Farbpunkte die nicht abgedeckten Teile des Blattes. Wer zum ersten Mal die Spritztechnik anwendet, sollte vorher einige Versuche machen.

6 Schablonen entfernen und mit dem Pinsel die feuchte Farbe um die Konturen des Schlosses »vertupfen«, damit das Gebäude einen dunklen Rahmen erhält; dadurch leuchten die Farben noch kräftiger auf. Bild trocknen lassen, besten Bildausschnitt bestimmen und beschneiden.

Ein Kleid aus Gold und Silber

Wachsfolienrelief

Werkzeug und Material

- Wachsfolie* in Gold in der Größe 100 x 200 mm, Silber, Violett, Blau, Rosa, Braun in der Größe 40 x 200 mm
- Spitzendeckchen aus Papier (Tortenpapier) ø 20 cm
- Zum Verzieren: Goldband, Goldpapier, Perlen, Pailletten, Sternchen,
- leichter Karton für die Schablone
- goldgelber Karton (z.B. Fotokarton)
- Messer/Cutter, Schere,
- Klebwachs, Klebstoff

1

HINWEIS
Da Wachsfolien auf Pappe und Papier weniger gut haften, wird empfohlen, die Haftfähigkeit dadurch zu verstärken, dass man kleine Klebwachskügelchen auf der Rückseite der Wachsfolie verstreicht und die Teile dann auf den Karton drückt. Ausnahmsweise kann Klebstoff verwendet werden. Nachteil: die Wachsfolie lässt sich nicht mehr ablösen.

1 Eine Prinzessin in einem schönen Kleid skizzieren, dabei für Gesicht, Arme, Haare, Krone und Gewand ganz einfache Formen wählen, die gut als Schablonenvorlage verwendet werden können (Abb. 1).

2 Schablonen herstellen, indem man nacheinander die einzelnen Körper- und Kleiderteile durchpaust, ausschneidet, auf einen leichten Karton legt und mit dem Bleistift umfährt; danach ausschneiden. Auf diese

* Wir haben mit Stockmar Wachsfolien gearbeitet.

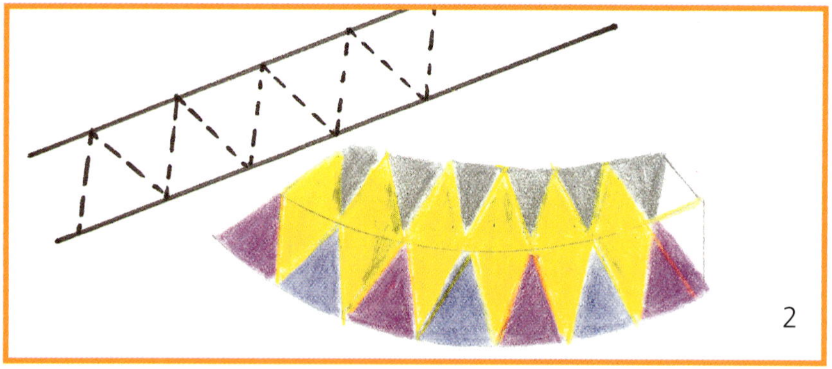

2

3

Weise entstehen Schablonen für das Gesicht, die Haare, die Puffärmel, die Arme, das Kleid und die Krone.

3 Nacheinander die Schablonen auf die entsprechenden Wachsfolien drücken: den Kopf auf die rosafarbige, die Haare auf die braune, Puffärmel, Kleid und Krone auf die goldene Wachsfolie. Mit dem Messer oder Cutter die Schablonen umfahren und dabei ausschneiden.

4 Für den Schleier aus dem Papierdeckchen zwei Segmente ausschneiden und symmetrisch auf den gelben Karton kleben. Dann der Reihe nach das Gesicht, die Haare, das Kleid, die Arme, die Puffärmel und die Krone auf dem Karton anbringen und auf diese Weise die Figur zusammensetzen. Die goldene Kugel ist aus Goldpapier geschnitten.

5 Über dem Kleidersaum einen Streifen aus silberner Wachsfolie aufbringen und mit goldenen Zacken verzieren. Unterhalb des Saumes das Kleid mit einem Muster verlängern. Dafür goldene, blaue und violette Streifen von der Wachsfolie abschneiden und mit dem Messer in Dreiecke teilen, entlang der Saumrundung versetzt anbringen (Abb. 2).

6 Wer will, kann sich beim Schmücken an der Abbildung auf Seite 27 orientieren oder aber nach eigenen Vorstellungen gestalten.

7 Einige Hinweise: Zum Verzieren der Ärmel ein feines Goldband schneckenförmig anbringen; in der Mitte beginnen und beim Legen die Rundung formen (Abb. 3). Statt Perlen kann man auch aus Wachsfolie winzige Kugeln formen, statt Gold- und Silbersternchen stanzt man mit dem Locher aus Gold- und Silberpapier Punkte aus. Weitere Effekte erzielt man, indem man mit einem Nagelkopf Prägemuster anbringt.

Gestalten nach Geschichten und Fabeln

Der Kasper kommt

Fingerpuppen, Knetwachs / Filz

Werkzeug und Material

- Filz in den Farben Rot, Braun, Rosa, Grün und Schwarz
- Wattekugeln ø 1,5 cm
- Knetwachs* in den Farben Rosa, Gelb, Blau und Rot
- Messer
- Nähfaden und Nadel
- zum Verzieren: Glöckchen, Goldperle, Spitzenrest, Goldpapier
- Schere, Klebstoff
- Haarspray

* Wir haben mit Stockmar Knetwachs gearbeitet.

Vorbereitung

Fingerpuppen müssen den Finger gut umschließen, damit sie nicht abrutschen. Deshalb bevorzugt man oft gestrickte Körper oder solche aus einem elastischen Stoff. Das Arbeiten mit Filz bietet den Vorteil, dass dieses Material nicht versäubert werden muss und dass es sich problemlos kleben lässt. Arbeitet man mit Filz, muss man den Durchmesser und die Länge des Fingers ermitteln, für den die Puppe bestimmt ist. Bei Kindern benötigt man ein Filzstück von etwa 5,5 x 4 cm, für Erwachsene von circa 7 x 6,5 cm (jeweils inklusive Nahtzugabe zum Kleben).

Grundfigur

1 Um den Kopf möglichst leicht zu halten, wird eine Wattekugel (ø 15 mm) mit rosafarbigem Knetwachs ummantelt. Dafür ein haselnuss großes Stück Knetwachs dünn ausmodellieren und um die Wattekugel legen; den Hals so plastizieren, dass an ihm gut das Gewand befestigt werden kann (Abb. 1). Ist der Kopf mit Augen, Nase, Mund usw. versehen, wird er mit Haarspray eingesprüht und dadurch fixiert.

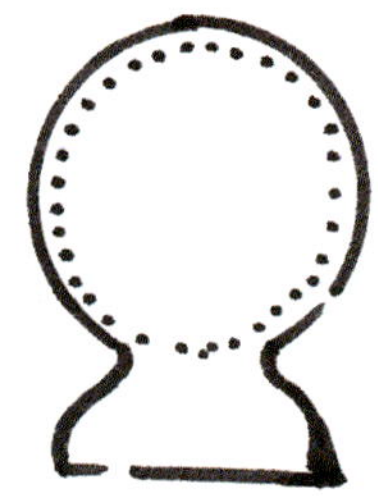

1

2 Für das Kleid ein rechteckiges Stück Filz abschneiden (Größe siehe Vorbereitung), die Naht

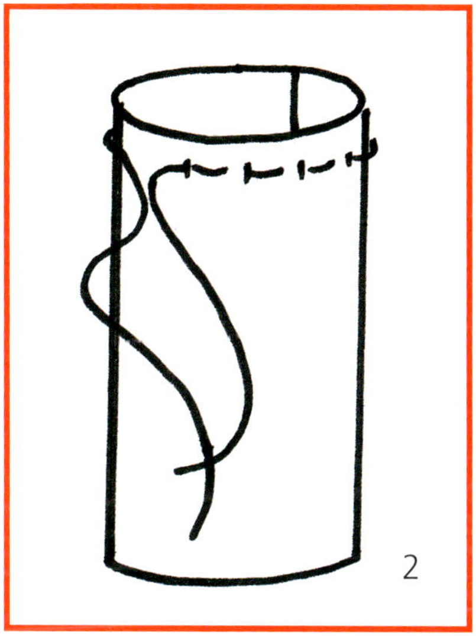

ca. 0,5 cm übereinander legen und festkleben. Durch den oberen Saum mit der Nähnadel einen Faden ziehen, den Saum raffen, um den Hals legen, Faden festziehen und verknoten (Abb. 2).

Kasper

3 Den Kopf herstellen wie unter »Grundfigur« beschrieben. Für die markante Nase und das Kinn ein Stück Knetwachs ansetzen, entsprechend formen und die Ansätze mit dem warmen Finger verstreichen. Ein winziges rotes Stück Knetwachs hauchdünn auskneten und die lange Nasenspitze damit überziehen. Für den Mund eine feine rote Rolle formen, für die Augen blaue Pünktchen anbringen, dabei kann ein Messer hilfreich sein (Abb. 3). Das Gewand aus rotem Filz anfertigen und mit dem Kopf verbinden wie es unter »Grundfigur« beschrieben steht. Für die Zipfelmütze den Kopfumfang mithilfe eines Papierstreifens ermitteln (Abb. 4), auf den Filz übertragen und ein Dreieck ausschneiden. Mütze mit überwendlichen Stichen zusammennähen und auf den Kopf setzen und an der hinteren Halskrause zusätzlich mit einigen Stichen befestigen. Das Glöckchen annähen. Zipfelmütze umlegen und an der Seite mit einigen Nadelstichen befestigen.

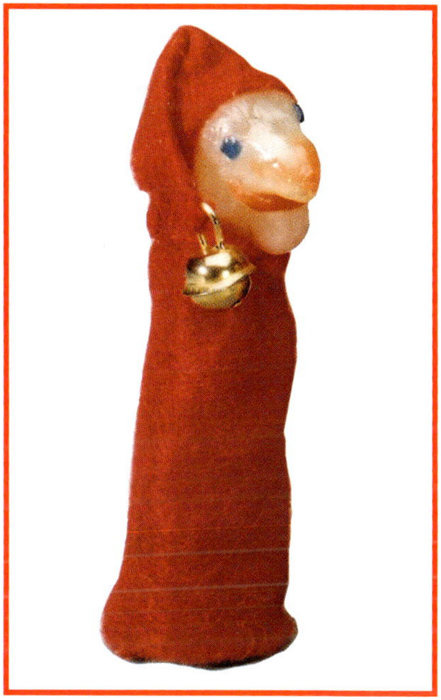

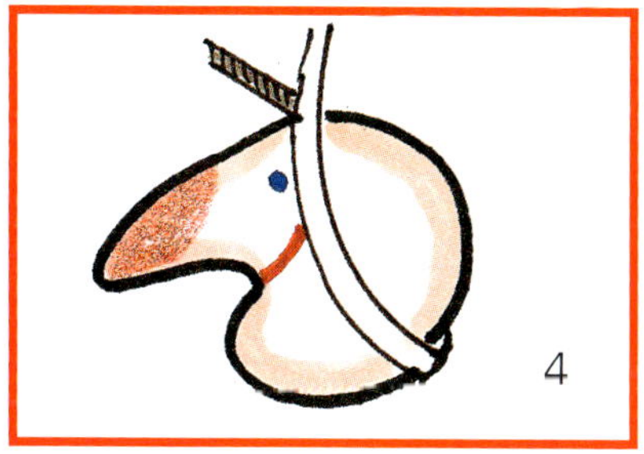

Seppel

4 Den Kopf herstellen wie unter »Grundfigur« beschrieben. Aus dem Gesicht ein Stupsnäschen herausmodellieren. Augen und Mund anbringen (s. Kasper). Für die Wangen zwei rote Kügelchen formen, platt drücken und an entsprechender Stelle anbringen (Abb. 6). Aus braunem Filz das Gewand anfertigen und mit dem Kopf verbinden wie unter »Grundfigur«

6

7

beschrieben. Für das Hütchen einen grünen, circa 1,5 x 7 cm großen Filzstreifen abschneiden und den Streifen dann an den schmalen Enden zusammenkleben. Nach dem Trocknen mit einem Faden den oberen Saum zusammenziehen, Faden festknoten (Abb. 7). Mütze auf den Kopf setzen und zusätzlich an der hinteren Halskrause mit ein paar Stichen befestigen. Aus rotem Filz eine Feder für den Hut und ein Band für den Hals herausschneiden. Beides kleben oder mit ein paar Stichen fixieren.

Prinzessin

5 Den Kopf herstellen wie unter »Grundfigur« beschrieben. Aus dem Gesicht ein Näschen herausmodellieren. Augen und Mund anbringen wie unter »Kasper« beschrieben, die Wangen anbringen wie bei Seppel dargestellt. Für die Haare mehrere 8 cm lange gelbe Woll- oder Stickfäden abschneiden, um den Kopf legen (Abb. 8) und dabei im

Scheitel leicht in das Knetwachs drücken; um den Hinterkopf zu bedecken eine Schnecke legen (Abb. 9). Aus einem Goldpapierstreifen eine Krone anfertigen, um den Kopf legen und festkleben. Aus rosa farbigem Filz das Gewand

9

8

anfertigen und mit dem Kopf verbinden wie unter »Grundfigur« beschrieben. Das Kleid mit einem Spitzenrest und einer Goldperle schmücken. Als Halskrause einen violetten Filzstreifen ankleben.

Hexe

6 Aus gelbem Knetwachs den Kopf herstellen wie unter »Grundfigur« beschrieben. Die große, gebogene Nase gesondert modellieren, dann an den Kopf ansetzen und mit den warmen Fingern

10

verstreichen (Abb.10). Aus schwarzem Filz das Gewand anfertigen und mit dem Kopf verbinden wie unter »Grundfigur« beschrieben. Für das grüne Umschlagtuch aus Filz einen Halbkreis ausschneiden (Abb. 11), um die Schultern legen und mit einigen Stichen an der Brust befestigen. Das Kopftuch besteht aus einem schwarzen Filzdreieck (Abb. 12); es wird unterhalb des Halses festgenäht und am Rücken zusätzlich mit ein paar Stichen fixiert, damit es nicht absteht.

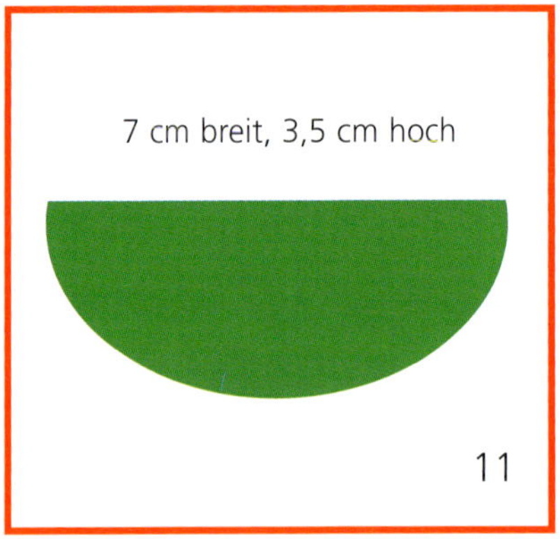

11

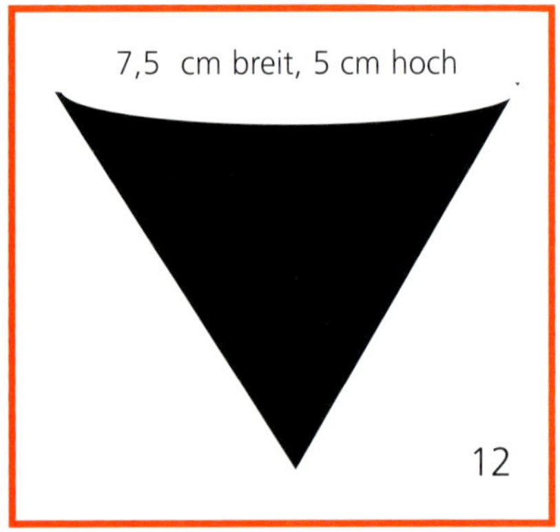

12

Krokodil

7 Den bereits originalgroßen Schnitt (Abb. 13) durchpausen und ausschneiden. Ein circa 10 x 11 cm großes, grünes Filzrechteck ausschneiden und längs falten. Den Schnitt am Stoffbruch feststecken und die Konturen auf den Filz übertragen und ausschneiden. Am Hals so zusammennähen, dass die Fingerspitze noch hindurchschaut; Augen aufmalen.

13

Pippi Langstrumpf tanzt

Papierschnitt / Fingerdruck

Werkzeug und Material

- Aquarellfarben* in Ultramarinblau und Zitronengelb
- Malpapier
- Buntpapiere
- Schere
- Klebstoff

Vorbereitung

Für den Papierschnitt müssen zunächst farbige Papiere gesammelt werden. Die findet man in Illustrierten, Prospekten oder eigenen Bildern, die zerschnitten werden können. Empfehlenswert ist es auch, extra für das bildnerische Vorhaben Papiere anzulegen (z. B. mit leuchtenden Aquarellfarben). Der gestalterische Prozess beginnt dann bereits bei den Überlegungen, welche Farben der Hintergrund, die Kleidungsstücke, die Blumen usw. bekommen sollen. Die Bildgestaltung lebt von einfachen, stilisierten Formen und vom Wechsel einfarbiger und gemusterter Buntpapiere.

1 Um eine lebendige, tanzende Figur zu gestalten, fertigt man zu Übungszwecken aus einem beliebigen, einfarbigen Papier Kopf, Arme, Hände, Rumpf, Rock, Ober-, Unterschenkel und Schuhe an. Dann setzt man die einzelnen Teile der Figur auf einem weißen Papier zusammen und beginnt, durch Verändern der Kopf-, Arm-, Rumpf- und Beinstellungen den

* Wir haben mit Stockmar Aquarellfarben gearbeitet.

gewünschten Tanzausdruck zu ermitteln. Es ist nicht nur verblüffend, sondern zusätzlich unterhaltsam zu entdecken, mit welchen sparsamen Veränderungen der gesamte Ausdruck der Figur einen ganz neuen Charakter bekommt. (Abb. 1).

2 Die einzelnen Teile der Pippi Langstrumpf-Figur aus farbigem Papier ausschneiden, nach der unter 1 ermittelten Vorlage zusammenlegen und festkleben.

3 Beim weiteren Ausgestalten des Bildes kann man sich an der Abbildung auf Seite 37 orientieren oder nach eigenen Vorstellungen weiterarbeiten.

4 In jedem Fall sollte Pippi Langstrumpf auf einem festen Untergrund stehen. Hier ist es eine grüne Wiese mit bunten Blumen. Über Pippi

1

Langstrumpf schweben eine leuchtende Sonne und zwei Wolken.

5 Auch für Einzelheiten gibt es viel Spielraum; hier wurde die Villa Kunterbunt in den Hintergrund gestellt (Abb. 1), aber man kann auch Pippis Pferd oder ihren Affen hinzugesellen usw.

6 Da zwischen den einzelnen Elementen viel weißer Raum stehen bleibt, der trennend wirkt, wird eine optische Verbindung geschaffen, indem man blaue, gelbe und grüne Tupfen aufdruckt. Für diesen Druck nimmt man einfach den Finger.

7 Die Farben anmischen, indem man wenig Pigment in ein Näpfchen gibt und mit einem Pinsel tropfenweise klares Wasser hinzufügt und verrührt, bis die Farbe sahneartige Beschaffenheit hat. Grün ergibt sich, indem man Ultramarinblau und Zitronengelb anmischt.

8 Fingerkuppe in die Farbe tauchen und auf dem Papier mehrfach abdrucken; dadurch entstehen dunklere und hellere Punkte. Im vorliegenden Beispiel wurden auf diese Weise die Wolken und die Sonne optisch verbunden (Abb. 2); die Wiese erhielt eine zusätzliche Struktur. Achtung! Finger nach jedem Farbwechsel waschen.

1

2

Peter und der Wolf nach Sergej Prokofjew*

Knetwachs / Streicholzschachteln

Werkzeug und Material

- Streichholzschachteln
- Knetwachs* in den Farben Dunkelgrün, Hellgrün, Braun, Orange, Schwarz, Weiß, Gelb, Rot, Orange, Rosa
- Klebwachs, Klebstoff
- dunkel- und hellblaue Plakafarbe
- Buntpapier
- Fadenrest
- Blumendraht

* Wir haben mit Stockmar Knetwachs gearbeitet.

Vorbereitung

Das harte Knetwachs muss vor dem Verarbeiten in den warmen Händen weich geknetet werden, dann lässt es sich zu allen, auch zu winzigen und hauchdünnen Gebilden modellieren. Da Knetwachs nach dem Auskühlen spröde wird, ist zu empfehlen, die Haftfähigkeit der plastizierten Gebilde zu verstärken, indem man Klebwachskügelchen auf den Unter- oder Hintergrund festdrückt und darauf die Figuren befestigt. Zur Not lässt sich auch mit Klebstoff arbeiten. Dies ist jedoch weniger materialgerecht und hat den Nachteil, dass man die Figuren nicht mehr ablösen kann.

*»Peter und der Wolf«
S. Prokofjew, Nord-Süd Verlag 1999

1 Nach dem Vorlesen der Geschichte wird überlegt, welche Szenen dargestellt werden sollen. Im vorliegenden Fall hat man sechs Motive ausgesucht. Dementsprechend werden sechs Schuber von Streichholzschachteln mit farbiger Plakafarbe eingefärbt, im vorliegenden Beispiel abwechselnd hell- und dunkelblau.

2 Nach dem Trocknen werden die Schuber numeriert. Das können z.B. Zahlen sein, die aus Buntpapier geschnitten werden. Man kann die Zahlen auch direkt mit einem Pinsel aufmalen oder mit Filzstiften darauf schreiben.

3 Für das erste Motiv wird das Innere der Streichholzschachtel im oberen Drittel blau ausgemalt. Für die Wiese modelliert man ein kleines Stück grünes Klebwachs ganz fein aus und bezieht damit den unteren Teil der Schachtel.

4 Der stilisierte Baum besteht aus einem Stamm mit Astgabel, der nach dem Modellieren auf den Hintergrund festgedrückt wird. Die Blätter bestehen aus hell- und dunkelgrünen Punkten. Dafür Kügelchen formen und mit dem Finger platt drücken. Der kleine Vogel wird aus orangefarbigem Knetwachs modelliert (Abb. 1). Beim Anbringen Klebwachs nicht vergessen.

5 Für die Figur des Peter aus einer gelben Knetwachskugel den Oberkörper mit den Armen modellieren. Für die Hose zwei rote Zylinder formen und aneineinander drücken. Ober und Unterkörper mithilfe eines kleinen Stückchens Blumendraht zusammenstecken. Aus rosa Knetwachs ein Köpfchen formen; die Haare bestehen aus einer hauchdünn modellierten braunen Haube. Kopf und Körper mit einem kleinen Drahtstück verbinden (Abb. 2) und die Figur mit Klebwachs auf dem Untergrund befestigen.

1

2

Die Geschichte ist nur in Auszügen wiedergegeben

MOTIV 1

»Eines Morgens öffnete Peter die Gartentür und ging hinaus auf die große, grüne Wiese. Auf einem Ast eines großen Baumes saß Peters Freund, ein kleiner Vogel. Als er Peter sah, zwitscherte er vergnügt:
Wie still es ist!«

MOTIV 2

»Aus dem Gebüsch kam eine Ente herangewatschelt. Sie freute sich, dass Peter die Gartentür offen gelassen hatte und beschloss, im Teich auf der Wiese ein Bad zu nehmen. Als der kleine Vogel die Ente sah, flog er vom Baum hinunter, setzte sich neben sie ins Gras und plusterte sich auf: Was für ein Vogel bist du, wenn du nicht fliegen kannst? sagte er. Die Ente erwiderte: Was für ein komischer Vogel bist du, wenn du nicht schwimmen kannst?«

MOTIV 3

»Der Großvater kam aus dem Haus. Er war böse, weil Peter auf die Wiese hinausgegangen war und die Gartentür offen gelassen hatte. Das ist gefährlich, brummte er, wenn nun der Wolf aus dem Walde käme, was dann?«

6 Beim zweiten Motiv besteht das Wasser aus einem dünn ausmodellierten Knetwachstück, mit dem der untere Teil bezogen wird. Die Wolken können aus weißen, unregelmäßigen Knetwachspunkten bestehen oder einfach aufgemalt werden. Danach die Ente, den Vogel und das Schilfgras formen und mithilfe von Klebwachs anbringen.

7 Beim Motiv drei wird der Himmel mit blauer Farbe, die Wiese mit grünem Knetwachs angelegt wie unter Punkt 3 beschrieben, Peter wird modelliert wie unter Punkt 5 beschrieben. Für den Körper des Großvaters formt man eine braune Rolle in einer gebeugten Haltung. Kopf und Arme werden gesondert plastiziert und mit Drahtstückchen mit dem Körper verbunden. Der Kopf erhält einen langen weißen Bart und und eine weiße Haube als Haare (Abb. 3).

3

8 Für Motiv vier den Hintergrund anlegen wie mehrmals beschrieben und einen stilisierten Baum formen wie unter Punkt 1 gezeigt. Vogel und Katze sind so winzig, dass sie lediglich als runder und ovaler Punkt dargestellt werden. Für den Wolf eine schwarze Rolle von etwa 2 cm formen und Kopf, Schnauze, Beine und Schwanz direkt herausmodellieren. Die Wolfsschnauze mit einem Messer einschneiden und weit öffnen. Der schwarze Wolf erhält eine lange rote Zunge, die gefährlich heraushängt (Abb. 4). Das Auge ist ein weißes Knetwachspünktchen.

9 Bei den Motiven fünf und sechs kann man sich einfach nach den vorhergehenden Beschreibungen richten. Zuerst den Hintergrund anlegen, danach den stilisierten Baum aufkleben, zum Schluss die Figuren modellieren. Bei beiden Bildern kommt das Seil in Form eines kleinen Stückchens Schnur in Anwendung.

4

Die Geschichte ist nur in Auszügen wiedergegeben

MOTIV 4

»Und tatsächlich! Kaum war Peter fort, da kam aus dem Wald der große graue Wolf... Und nun standen die Dinge so: Die Katze saß auf einem Ast, der Vogel auf einem anderen, aber nicht zu nahe bei der Katze. Und der Wolf lief immer um den Baum herum und starrte sie mit gierigen Augen an.«

MOTIV 5

»Peter stand hinter der geschlossenen Gartenpforte, sah alles, was da vor sich ging und hatte überhaupt keine Angst. Er lief ins Haus, holte ein festes Seil und kletterte damit auf die hohe Gartenmauer. Ein Ast des Baumes, um den der Wolf herumlief, reichte über die Mauer... Peter sagte zum kleinen Vogel: Flieg hinunter und dem Wolf immer um den Kopf herum! Aber gib acht, dass er dich nicht fängt!«

MOTIV 6

»Inzwischen hatte Peter eine Schlinge gemacht und ließ das Seil vorsichtig hinunter. Er fing den Wolf damit beim Schwanz und zog so fest er nur konnte. Als der Wolf merkte, dass er gefangen war, sprang er wild herum und versuchte sich loszureißen. Aber Peter hatte das andere Seilende am Baum festgebunden und je mehr der Wolf sprang, um so fester zog sich die Schlinge.«

Der Rabe und der Fuchs nach Jean de La Fontaine

Kartondruck

Der Rabe und der Fuchs

Ein Rabe saß auf einem Baum und hielt im Schnabel einen Käse; den wollte er verzehren. Da kam ein Fuchs daher, der vom Geruch des Käses angelockt war.

»Ah, guten Tag, Herr von Rabe!«, rief der Fuchs. »Wie wunderbar Sie aussehen! Wenn Ihr Gesang ebenso schön ist wie Ihr Gefieder, dann sind Sie der Schönste von allen hier im Walde!«

Das schmeichelte dem Raben, und das Herz schlug ihm vor Freude höher. Um nun auch seine schöne Stimme zu zeigen, machte er den Schnabel weit auf, da fiel der Käse hinunter.

Der Fuchs schnappte ihn auf und sagte:

»Mein guter Mann, nun haben Sie es selbst erfahren: ein Schmeichler lebt auf Kosten dessen, der ihn anhört, diese Lehre ist mit einem Käse wohl nicht zu teuer bezahlt.«

Der Rabe, bestürzt und beschämt, schwur sich zu, dass man ihn so nicht wieder anführen sollte, aber es war ein bisschen zu spät.

Werkzeug und Material

- Aquarellfarben* in den Farben Schwarz, Rot, Braun, Grün, Weiß
- goldgelbes Buntpapier DIN A 4 (z.B. Fotokarton),
- Flach- und Rundpinsel,
- fester Karton für den Kartondruck
- Schere

* Wir haben mit Stockmar Aquarellfarben gearbeitet.

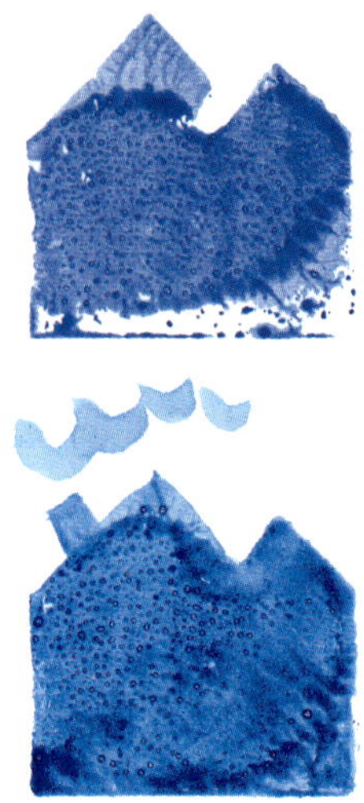

1

Vorbereitung

Kartondruck ist ein unkompliziertes Druckverfahren, bei dem eine Kartonschablone als Druckstock dient. Diese Kartonschablone wird einseitig mit Farbe bestrichen und dann auf das Malpapier gedrückt. Durch den Abdruck können sich reizvolle Schlieren und Strukturen bilden, die dem Bild einen eigenen Charakter geben. Man kann in den Abdruck auch mit einem Rundpinsel hineinarbeiten und dadurch Formen und Konturen verändern (Abb. 1). Die Druckfarbe muss dickflüssig sein, d.h. ähnlich wie geschlagene Sahne. Aquarellfarbe wird entsprechend gemischt, indem man die Farbpigmente lediglich mit wenig Wasser anmischt.

2

1 Zu Übungszwecken fertigt man eine beliebige Schablone an und macht einige Druckversuche auf einem Schmierpapier. Dabei wird man feststellen, dass nicht zu viel Farbe aufgestrichen werden darf, da sonst die Farbe an den Seiten herausgequetscht wird und die Umrisse verwischen. Ist die Farbe zu zart aufgetragen, wird die Figur nicht ganz abgedruckt (Abb. 2).

2 Zuerst legt man auf dem gelben Karton eine Wiese an, als Untergrund für den Fuchs und den Baum. Dafür mischt man ein Grün so an, dass es tintenartige Beschaffenheit hat.

3 Während die Farbe abtrocknet, werden die Druckstöcke hergestellt. Hierfür nimmt man einen festen Karton, der sich jedoch noch mit einer Schere schneiden lässt. Auf diesen Karton werden aufgemalt: ein Baumstamm mit einer Astgabel, ein Blatt, ein Rabe (den Schnabel extra anlegen), ein Fuchs mit einem buschigen

Schwanz. Alle Schablonen ausschneiden.

4 Man beginnt mit dem Druck des Stammes und füllt dann die Baumkrone mit Blättern. Die Blattschablone zweimal abdrucken, dadurch entstehen dunklere und hellere Töne.

5 Ist die Farbe getrocknet, wird der Rabenvogel mit schwarzer Farbe eingestrichen und in die Baumgabel »gesetzt«. Den kräftigen, orangefarbigen Schnabel gesondert drucken. Entsprechend den Fuchs aufdrucken.

6 Ist das Bild ganz trocken, kann man mit dem Pinsel hineinarbeiten. Im vorliegenden Beispiel wurden mit dem Rundpinsel die Konturen des Stammes und die Farbe des Fuchsfells verstärkt. Der Baum bekam rote Früchte und der Käse wurde aufgemalt. Mit Deckweiß wurden die Augen der Tiere und die Löcher im Käse aufgetupft.

Der Pfau und die Dohle nach Aesop

Wachsmalfarben / Schmelztechnik

Der Pfau und die Dohle

Ein Pfau und eine Dohle stritten sich um die Vorzüge ihrer Eigenschaften. Der Pfau brüstete sich mit dem Glanz, der Farbe und der Größe seiner Federn.

Die Dohle gab all dieses zu und bemerkte nur, dass alle diese Schönheiten zur Hauptsache nicht taugten: zum Fliegen. Sie flog auf, und beschämt blieb der Pfau zurück.

Sei nicht stolz auf bloß äußerliche Vorzüge.

Werkzeug und Material

- Wachsmalblöcke* in Goldgelb, Ultramrinblau und Hellgrün und Wachsmalstifte* in Blau-, Grün-, Gelb- und Rottönen*, evtl. Weiß
- Zeichenpapier
- Warmhalteplatte
- Zeitungspapier
- Bleistift 2B

* Wir haben mit Stockmar Wachsmalfarben gearbeitet.

Vorbereitung

Die Schmelztechnik beruht darauf, dass man das Zeichenpapier auf einen warmen Untergrund (z.B. Warmhalteplatte, die mit Zeitungspapier abgedeckt wird) legt, sodass die Wachsmalfarben beim Aufstreichen flüssig werden. Die Wärmezufuhr lässt sich bis zu einem gewissen Grad regulieren, indem man die Warmhalteplatte mit weniger oder mehr Papier abdeckt. Steht keine Warmhalteplatte zur Verfügung, kann man auch mit einem Backblech arbeiten: Das Blech auf ca. 8 cm hohe Holzblöcke legen und mehrere brennende Teelichter darunter verteilen.

1 Das Zeichenpapier auf die aufgeheizte, mit Zeitungspapier gut abgedeckte Warmhalteplatte legen und zunächst einige Versuche machen: Wie mischen sich die flüssigen Farbtöne miteinander? Was geschieht, wenn die Wachsmalfarbe mit schwachem oder mit festem Druck aufgemalt wird (Abb. 1)?

1

Durch Verändern des Drucks beim Malen entstehen geschlossene oder aufgebrochene Flächen.

2

2 Auf dem Zeichenpapier einen gelben Kreis anlegen und mit einen ultramarinblauen und hellgrünen Rand einrahmen. Das geht am besten, indem man die schmale Seite eines Wachsmalblocks immer wieder neu ansetzt und das Papier dabei dreht.

3 Mit einem weichen Bleistift den Pfau aufskizzieren (Abb. 2). Den Vogelkörper mit blau, grün und rot ausmalen und dabei die Farben ineinandermischen.

4 In den hellgrünen und den blauen Kranz die typischen Pfauenaugen malen (Abb. S. 47). Feine Linien wie z. B. die Kopfkrone oder das Gefieder zeichnet man am besten, indem man das Blatt von der Wärmequelle herunternimmt, dann können die Striche nicht zerlaufen. Zum Schluss den Pfau mit einem kräftigen, goldgelben Kreis einrahmen.